MIRIMA,
IMPÉRATRICE DU JAPON

Par l'Auteur du Cousin de MAHOMET.

À LA HAYE,
Chez NEAULME.

M. DCC. XLV.

MIRIMA
IMPÉRATRICE
DU JAPON.

LES Dayres, ou Empereurs
du Japon, qui avoient
gouverné ce floriſſant
Empire, juſqu'en l'an 1550.
l'avoient régi avec tant de pru-
dence, de douceur & de juſti-
ce, que leurs Peuples les regar-
doient comme dés Dieux. Leur
perſonne étoit devenue ſi ſacrée
& ſi précieuſe, qu'on ne vouloit pas ſouffrir qu'on leur razât
la barbe, ni qu'on leur coupât
les cheveux & les ongles ; cette

A   coutu-

coutume qui subsiste encore aujourd'hui , quoiqu'ils ayent été dépouillés de l'Empire, est passée en loi si sévere, qu'il y va de la vie du Dayre lui-même , de se laisser couper les cheveux & les ongles , & de se faire razer.

Celui qui regnoit en 1550. étoit en si grande vénération chez ses Peuples, qu'ils disoient communément , que le Soleil n'étoit pas digne de l'éclairer , ni la terre de le soutenir.

Ce Prince avoit deux fils , dont l'aîné , suivant la coutume, n'avoit d'autre emploi que d'attendre avec le plus de résignation qu'il pouvoit en affecter , la mort de son pere pour lui succeder. Le second étoit Général des Armées. Cet emploi, qui lui attachoit tout ce qu'il y avoit de grand dans l'Empire , excita

la jalousie de l'aîné, qui fit tant
d'instances auprès de l'Impératrice leur mere, dont il étoit
l'idole, qu'à force d'importuni-
tés, elle obtint du Dayre que
ses deux fils commanderoient les
Armées alternativement de trois
ans en trois ans, à commencer
par celui qui étoit alors en fon-
ction.

Ce jeune Prince, qui ne sentit toute la douceur de commander que quand il fallut quitter le commandement, voyant
que les Officiers, par une politique en usage de tous les tems,
& dans toutes les Cours, parta-
geoient déja leurs respects entre
son frere & lui, résolut, à quelque prix que ce fût, de se con-
server le Commandement, dont
il se croyoit plus capable que
son frere, qui à cause de sa future dignité de Dayre avoit été

A ij   élevé

élevé comme un homme desti-
né à dormir sur le Trône.

Au tems prescrit par le Dayre pour la démission du Géné-
ralat, le jeune Prince dit hau-
tement, qu'il ne céderoit sa
Charge qu'en perdant la vie. Il
sortit en même-tems de Miaco,
lieu de la résidence des Empereurs Japonois ; & se prépara
à soutenir son prétendu bon
droit, avec le secours des Officiers & des Soldats que sa libé-
ralité lui avoit gagnés.

Le Dayre quoique fort étonné d'un coup qu'il n'attendoit
pas, conserva cependant assez
de bon sens, au milieu du trouble général que cette nouvelle
excita dans sa pacifique Cour,
pour concevoir que son fils aîné
n'étoit point capable de faire tête au Prince rebelle. Il nomma
pour châtier les Révoltés & leur
Chef,

Chef, Axiama homme d'une grande réputation parmi les Troupes. Le choix, dans lequel un plus habile homme que le Dayre, se seroit trompé aussi-bien que lui, acheva de gâter toutes les affaires.

Il y avoit déja longtems qu'Axiama, honteux de servir un Empereur qui n'en avoit que le nom, avoit résolu de faire par lui-même un meilleur usage de la puissance souveraine ; & le choix du Dayre, qui sembloit le mettre à portée de remplir ses vûes ambitieuses, lui parut le plus sûr moyen de les faire réussir. Ainsi l'ingratitude tourne-t-elle contre le bienfaicteur ses propres bienfaits, belle leçon pour les Rois. Il sortit de Miaco à la tête d'un corps de Troupes de cinquante mille hommes. Secondé de son expé-

 rience

rience, animé par la paſſion de regner, il donna de ſi bons ordres, & fit par lui-même des actions de valeur ſi prodigieuſes, qu'il obligea le jeune Prince à prendre la fuite avec un très-petit nombre des ſiens.

Le Dayre ſe croyoit ſervi par un honnête homme, & préparoit au vainqueur une reconnoiſſance proportionnée au ſervice qu'il en recevoit, quand Axiama lui fit ſignifier qu'il eût à ſortir de ſon Palais & de la Ville de Miaco lui & les ſiens, & de ſe retirer en un lieu qu'il lui déſigna. Force lui fut d'obéir. Comment réſiſter avec un peuple de Femmes & d'Eunuques, à un Traître qui donne des ordres à la tête d'une Armée victorieuſe ? Le Dayre ſe trouva encore trop heureux, que ce vainqueur voulût bien ſouſtrai-

re

re ſes Femmes à la tendre bru-
talité de ſes Troupes.

L'Imperatrice & ſon cher enfant, trouverent le moyen de ſe
réfugier chez Cubo, un des plus
puiſſans Rois du Japon.

Celui-ci, qui n'étoit pas moins
curieux de l'Empire qu'Axiama,
reçut gracieuſement la mere &
le fils, reconnut le Prince pour
légitime héritier des Etats de
ſon pere, & ſe prépara ſecretement à les lui enlever.

Il marcha contre l'Uſurpa-
teur : le battit : le prit priſonnier :
le fit mourir du genre de ſupplice deſtiné aux Traîtres, & s'em-
para du Trône.

L'Imperatrice & ſon fils s'é-
crierent contre le forfait, s'em-
porterent contre le nouvel Uſur-
pateur, le menacerent des châ-
timens du Ciel, & de la vengeance du grand Dieu Amida,

 qu'ils

qu'ils difoient irrité d'un fi grand crime.

Pour fe débaraffer de la criaillerie, Cubo en leur faifant couper la tête, les envoya en perfonnes folliciter le Dieu.

Il dépêcha des Ambaffadeurs au jeune Prince fugitif pour le convier de venir prendre les rênes de l'Empire, qu'il lui gardoit ; la jeuneffe eft imprudente & ambitieufe, il fut affez mal confeillé pour donner dans le piége. Cubo l'envoya joindre fa mere & fon frere.

Reftoit le Dayre, qu'il alla trouver dans fon exil, où le bon Prince s'étoit tranquillement tenu pendant la révolution qui le dépouilloit de fes Etats. Il lui fit entendre, que s'il avoit fait mourir l'Imperatrice & fes enfans, c'avoit été pour fon interêt feul, & qu'il devoit lui fçavoir gré de l'avoir l'avoir débaraſſé de ces eſprits brouillons. Qu'au reſte, en qualité de ſon ſerviteur & de ſon ami, il lui conſeilloit de paſſer le reſte de ſes jours dans la tranquilité de ſa retraite ; & que comme ſon grand âge & ſes infirmités ne lui laiſſoient pas la liberté de vaquer aux affaires du Gouvernement, il s'en chargeroit volontiers pour lui, lui laiſſant ſeulement pour ſe défennuyer le ſoin du ſpirituel de ſon Empire. Il lui remontra qu'un ſi doux emploi s'accorderoit d'autant mieux avec ſon humeur pacifique, qu'il n'auroit à gouverner que les Bonzes, gens exemts d'ambition, comme de paſſions, fuyant les cabales, & ennemis déclarés des honneurs & des intrigues de Cour ; qu'il lui abandonnoit de plus le droit de donner les titres, tant aux

Princes

Princes temporels, qu'à ceux de la Religion ; & qu'il lui céderoit toujours le pas dans les cérémonies publiques, auſſi-bien qu'à ſes ſucceſſeurs, auſquels lui & les ſiens rendroient hommage de l'Empire tous les cinq ans, avec toute la ſolemnité poſſible.

L'Idole acceptа pour lui & ſes deſcendans toutes les conditions qu'il voulut lui preſcrire, il jura par ſes ongles ſacrés de les accomplir à la lettre. Ainſi la paix fut conclue, & les troubles ceſſerent.

Cubo, qui allongea ſon nom de deux ſyllabes, en ſe faiſant appeller Cuboſama, qui ſignifie en Japonois, *Souverain Seigneur* ; Cubo, dis-je, étoit en effet bien plus digne de commander que le Prince qu'il venoit de détrôner. Il travailla pendant ſix ans, avec

une

une application merveilleuſe à
rétablir dans ſon Empire l'ordre
que ſa rebellion y avoit renver-
ſé. Tout y étoit dans une ſi
grande tranquilité qu'on eût dit
qu'il n'y avoit jamais eû de guerre , quand Mioxindono que Cuboſama avoit fait ſon Général ,
prit la réſolution de lui jouer le
même tour qu'il avoit fait au
Dayre. L'amour & la jalouſie
donnerent lieu à ce grand évenement.

Mioxindono le Prince du Japon le mieux fait , étoit auſſi le
plus recommandable par ſes belles qualités. Les ſervices qu'il
avoit rendu à Cuboſama ſon parent, dans le tems de ſa rebellion , lui avoit acquis la con-
fiance de ce Prince, qui crut ne
pouvoir mieux récompenſer ſa
valeur & ſon déſintereſſement ,
qu'en lui donnant l'emploi de
Général

Général de l'Empire, qui étoit non-seulement le plus beau & le plus important de l'Etat ; mais qu'il sçavoit par sa propre expérience & par l'exemple de son Prédécesseur Axiama , être un morceau fort délicat , & qu'on ne pouvoit confier qu'à des personnes éprouvées.

Tous les Historiens Japonois que j'ai consultés , conviennent que Mioxindono n'auroit pas abusé du pouvoir que lui donnoit sa Charge si l'amour ne s'en fût mêlé.

Cubosama avant son usurpation , avoit épousé Mirima , la plus charmante Princesse du Japon. Elle joignoit une extrême beauté à une grande jeunesse. Née avec du penchant pour la vertu , Mirima ne se seroit peut-être pas écarté des regles que lui prescrivoit son devoir , si les charmes

charmes de la perſonne de Mioxindono, & l'oiſiveté voluptueuſe d'une Cour effeminée, n'a-
voit déterminé ſon cœur à l'a-
mour. Il ne faut pas toujours
aux femmes des motifs auſſi ex-
cuſables pour les faire ſuccom-
ber. L'accès que ce Prince avoit
chez Cuboſama, non-ſeulement
comme ſon allié, mais comme
ſon ami, & l'ame de ſes Con-
ſeils, lui avoit donné occaſion
de contempler aſſez ſouvent Mirima, pour prendre dans les yeux
de cette belle Princeſſe, l'amour
qu'elle inſpiroit à tous ceux qui
avoient le bonheur ou le malheur de la voir. Juſques-là, que
Cuboſama lui-même, qui ne l'a-
voit épouſée que par politique,
reſſentit pour elle, après plus de
ſix mois de mariage, un amour
violent, qui produiſit un attachement ſi tendre & ſi fatiguant,
que

que le plus souvent la Princesse en étoit désolée.

L'amour a cela de singulier, que les marques que l'on en donne à l'objet aimé, lui causent un extrême plaisir, ou lui font extrêmement à charge.

Mirima de son côté n'avoit pû voir Mioxindono sans être enchantée des graces de sa figure. La premiere conversation qu'ils eurent ensemble acheva de charmer la Princesse. Mioxindono y fit si bien briller son esprit & sa galanterie, que la tendre Mirima n'eut pas la force de résister à ses tendres sollicitations.

Elle se rendit en femme à qui les transports séduisants d'un amour subit ne donnent pas le tems de la réflexion. Ce n'est pas qu'elle n'en fît quelques-unes dans l'intervalle du tems

qui

qui se passa entre les prélimi-
naires & la conclusion ; mais à
quoi lui servirent-elles, qu'à précipiter sa défaite , quand elle eut
comparé la tendre impatience
de son amant avec les empressemens absolus de son époux.

Un mari n'a pas de plus dan-
gereux ennemi que lui-même.
C'est un agent pointilleux qui
acheve de gâter ses affaires en
voulant les améliorer, ou qui
même ne connoît point ses vé-
ritables interêts. L'autorité ma-
ritale semble porter avec elle un
air de devoir , incompatible
avec la liberté qui fait naître &
subsister les tendres amours. Le
beau sexe veut être indépen-
dant, & il ne s'acquitte jamais
des œuvres d'obligation avec
tant de plaisir, que de celles qui
sont surnuméraires.

Une Dame de la Cour de
Mirima

Mirima employa efficacement ſes ſoins officieux pour mener à bien la négociation. Elle y réuſſit, & tout ſe paſſa à la commune ſatisfaction des Parties intereſſées. La Princeſſe éprouva ſenſiblement la voluptueuſe différence qui ſe trouve entre l'amant qui arrache les faveurs avec une douce violence, & le mari qui les exige le contrat de mariage à la main.

Cette différence eſt à peu près la même que celle de prêter de l'argent ou de payer une dette.

Les choſes en étoient là, quand l'épouſe du Dayre & ſon fils ſe réfugierent à la Cour de Cuboſama. Le Lecteur a vû avec quelle ardeur ce Prince ſçavoit ſecourir les opprimés, & punir les coupables.

La paix faite, & Mirima montée ſur le Trône Imperial avec ſon

son époux , elle ne changea ni de conduite , ni de maniere envers son amant. Au contraire , sa tendresse sembloit avoir augmenté avec sa dignité ; & elle ne cessoit de lui dire , dans leurs entretiens furtifs , que la plus grande joye qu'elle ressentoit de l'agrandissement de sa fortune , étoit de pouvoir l'assurer qu'il étoit aimé de la plus grande Princesse de la terre.

Je ne répondrois pas qu'il n'y eût dans ce sentiment quelque petite nuance de vanité , ou tout au moins, que Mirima ne voulût faire sentir à son amant, qu'il devoit mériter la continuation de son bonheur , en redoublant la vivacité d'un attachement , qui lui feroit honneur chez la race future.

Quoiqu'il en ait été , Mioxindono certain d'être aimé,

 négli-

négligea de paroître aimable. Dès que les hommes sont heureux , ils ne méritent plus de l'être. Le judicieux Lecteur s'imagine bien que l'Imperatrice ne fut pas longtems à s'appercevoir du réfroidissement de son amant : aussitôt légeres plaintes, tendres reproches , & autres avant - coureurs d'une querelle amoureuse furent mis en usage. Mioxindono les dédaigna , en badina quelque tems avec la Princesse ; & l'assura de l'air du monde le plus détaché , qu'il n'aimeroit jamais qu'elle.

Il avoit traité une matiere si grave avec tant de légereté , & en termes si enjoués , que Mirima en fut allarmée. Cette assurance , loin de la rassurer , lui fit tout craindre pour son amour ; & quand le Prince l'eut quittée , l'idée de se voir négligée lui fit

verser

verſer dans le ſein de ſa confidente des larmes, que quelques
Auteurs contemporains, ſans
doute mal inſtruits, ou mal in-
tentionnés, ont attribuées au
dépit de s'être vûe prévenue.

Sa chere confidente lui con-
ſeilla, en femme habile, de bat-
tre Mioxindono de ſes propres
armes. Le conſeil parut ſi bon,
qu'elle réſolut de le ſuivre, &
Mirima le mit auſſi-tôt en œuvre : Affectations de ne ſe point
montrer dans les lieux publics
où ſon amant auroit pû la voir,
indiſpoſitions ſubites ſurvenues
préciſément dans les tems mar-
qués pour les entretiens ſecrets :
meſſages ſupprimés : miſſives ſans
réponſes : parures négligées ;
enfin toutes les minauderies que
l'on met en uſage pour réchau-
fer un amant, & diſſiper une
tiédeur qui ne fait ni honneur,
ni profit.   B ij   Qu'ar-

Qu'arriva-t-il de là ? Ce que l'on avoit prévû. Mioxindono aimoit véritablement l'Imperatrice ; il fut effrayé de tout cet appareil de rupture. Il pria, pressa, supplia pour une entrevûe, qu'il n'obtint qu'à la pointe de l'épée. Il y parut, non avec cet air d'aisance qui lui avoit attiré ce dédain affecté. Mais en coupable repentant, il confessa son crime, en demanda humblement le pardon, qu'on eut l'inhumanité de lui refuser avec une constance barbare, qui lui fit tirer son poignard pour s'en percer, aux yeux de l'inhumaine.

Les femmes ont l'ame tendre, à la vûe de la dague meurtriere, la prétendue inéxorable sentit expirer son couroux ; elle arrêta le bras du désesperé, qui voyant sa grace écrite dans les

yeux

yeux de son amante, se fit à son tour solliciter pour ne pas exécuter sa funeste résolution. Mon homme eût été bien duppe si on l'avoit pris au mot.

S'ensuivirent les éclaircissemens, après que la volubilité des reproches réciproques eut cessé, & que par sa fin elle eut donné le tems de se faire des questions, & d'y répondre par ordre.

On se promit de part & d'autre de ne se point condamner dorénavant sans s'entendre : & la paix fut scellée par tout ce qu'amour & le mystere ont de plus doux.

Les choses étoient en cet état, & il y avoit apparence qu'elles y seroient encore long-tems, quand un évenement imprévû fit succeder l'inconstance à la fidélité, & causa encore une

fois

fois la désolation & le renverse-
ment de l'Empire Japonois.

Il y avoit à quinze cens pas
de Miaco une Pagode de Bonzes, que les anciens Empereurs
avoient fondée. Le Superieur
de cette maison, homme de
condition, de même que ceux
qui s'y étoient consacrés au culte du grand Amida, la princi-
pale Divinité du Japon, avoit
plusieurs fois invité l'Impératrice, dont il avoit l'honneur d'ê-
tre allié, de lui faire celui de
visiter sa retraite, & cette Princesse qui le lui avoit promis n'a-
voit encore pu honorer les Bonzes de sa présence.

Un jour que l'Impératrice &
Mioxindono étoient à la chasse,
& que Mirima se trouvoit assez
desœuvrée, elle se souvint de
la promesse qu'elle avoit faite
au Superieur des Bonzes ; &
elle

elle le fit avertir qu'elle le visite-
roit dans le cours de l'après-
midi. En effet l'Impératrice se
rendit au Pagode suivie de toute sa Cour. Quand les Dames
Japonoises ne sçavent que faire,
elles vont aux Pagodes.

J'apprens à ceux qui ne le
sçavent pas, que les Bonzes bien
différens des Religieux Euro-
péens, sont des gens extrêmement voluptueux. Des gens qui
ont sacrifié le plus grand bien
de la vie, la liberté, pour ne
faire que ce qui leur plaît, dans
l'obscurité de la retraite : Des
gens qui ont fait un abandon
général de leurs biens pour vi-
vre dans une plus grande aisance. Des gens enfin, qui par une
sainte abnégation de toutes les
choses de la terre, semblent
avoir oublié parens, amis, pour
ne penser qu'à eux & à la satis-
faction

faction de leurs defirs. Tels font ces Bonzes du Japon, des affaires defquels je ne voudrois pas me mêler.

Cafardono, ainfi fe nommoit le Superieur, reçut l'Impératrice à la tête de fes Bonzes : Il l'introduifit dans le Temple d'Amida, d'où, après une courte priére, il la conduifit dans l'intérieur de la fainte retraite. Mirima après avoir vifité plufieurs Cellules, entra dans celle de Cafardono, dont elle admira l'humble magnificence.

Une des Dames de la fuite de l'Imperatrice, par une curiofité naturelle à fon fexe, acheva d'ouvrir la porte entr'ouverte d'un petit cabinet. Après y avoir paffé la tête, elle l'en retira en pouffant un cri de furprife. L'Imperatrice étonnée lui en demanda la caufe. Ah ! Madame,

dame, répondit - elle, qu'ai-je vû ? Cette réponse augmenta d'autant plus la curiosité géné-rale que Cafardono courut fermer la porte en question avec précipitation.

On s'imagina, car il y a des gens qui pensent toujours mal, qu'il falloit que la vivacité du Supérieur & le trouble dont il paroissoit agité eussent une cause bien grave. Les imaginations s'émanciperent quelque tems aux dépens du saint homme ; que n'alla-t-on pas se figurer, quand après que Mirima lui eut commandé d'ouvrir la porte, il se jetta à ses pieds pour la prier de ne pas passer outre. Cette priére qui parut fort déplacée, excita la curiosité de l'Impératrice, qui dit, résolument, qu'elle vouloit en avoir le cœur net.

C

Puis-

Puisqu'ainsi tu le veux, grand Amida, s'écria pieusement le dévot Cafardono, ta volonté soit faite. Madame, dit-il à la Princesse, en lui remettant la clef du cabinet, je ne puis, ni ne dois résister à vos ordres; mais songez du moins que la confusion que je vais essuyer sera votre ouvrage. Donnez toujours, dit Mirima, je la prens sur mon compte; en disant ces mots elle se mit en devoir d'ouvrir la porte.

Alors vous eussiez vû la suite de l'Impératrice la bouche béante, & ouvrant de grands yeux pour ne rien perdre de ce qu'elle comptoit qu'elle alloit voir. Chacun se poussoit & cherchoit à s'insinuer doucement à la place de son voisin, pour avoir l'honneur du premier coup d'œil. Les mauvais

vais esprits, & ceux qui n'a-
voient pas des Bonzes toute la
bonne opinion qu'ils devoient
en avoir, rioient déjà en secret ; bien résolus de se dédom-
mager de cette contrainte à la
vuë de quelque jolie personne,
qu'ils ne doutoient pas que ce
lieu ne recelât, pour les délas-
semens du mortifié serviteur
d'Amida.

Enfin la porte fut ouverte.
Quel aspect, Dieu du Japon,
vous sçavez combien de gens
se trouverent stupefais à la vuë
d'un Arsenal de disciplines, de
fouets, & autres ustanciles de
pénitence. Le meuble le plus
commode qui se trouva dans
ce saint lieu étoit un instrument
servant à déchirer la peau : Messieurs les curieux, êtes - vous
satisfaits ?

Ils furent pris pour dupes, &
 n'eurent

n'eurent pas le mot à dire. Mirima elle-même fit à Cafardono une excufe qui ne valoit pas grand chofe ; mais qu'il feignit de prendre pour bonne.

J'interomps le fil de ma narration pour rapporter de fuite une partie des jugemens que le Public porta fur cette fcene, les uns difoient que Cafardono avoit joué beau jeu & bon argent : que la porte entrebaillée n'étoit pas la fuite d'une négligence affectée , & qu'il avoit été vraiment mortifié , qu'un effet du hazard eût divulgué le fecret de la macération de fa chair. D'un autre côté , les indévots penfoient tout le contraire. On avoit , difoient-ils , remarqué qu'il auroit été fâché que la Princeffe n'eût pas pouffé la curiofité jufqu'au bout ; que fon inquiétude , fon

trou-

trouble, la priére qu'il avoit faite à Mirima, & l'apostrophe au Dieu Amida, étoient autant de simagrées, que le dérangement qu'on avoit remarqué dans les instrumens pénitentiaux n'avoit été affecté que pour faire croire qu'on en faisoit un fréquent usage. Enfin, que Cafardono avoit paru trop ami de son corps en maintes occasions, pour qu'il laissât au Public le plus léger soupçon d'une pénitence qu'il infligeoit bien aux autres, mais qu'il n'avoit pas le courage d'exercer sur lui.

Un Militaire Octogénaire chés lequel j'étois logé à Jédo, dans le tems de mon voyage au Japon, m'a assuré, que son tris-ayeul présent à la scene que je viens de rapporter, étoit de ce dernier sentiment ; & que
 depuis

depuis plus d'un siécle, c'étoit une tradition constante dans sa famille, que Cafardono avoit été dans son tems un très-pieux fripon.

A Amida ne plaise, que je pense mal de son benoit serviteur : mais ce que le Lecteur va bientôt apprendre, est une preuve très-convainquante que le trisayeul de mon vieux Militaire, n'avoit pas tant de tort qu'on pouvoit bien se l'imaginer. Revenons à notre histoire.

Cafardono avant sa retraite avoit été fort répandu dans ce qui s'appelle le grand monde ; sçavoit trop l'usage de la Cour pour ne pas recevoir l'Impératrice d'une façon digne d'elle. Il lui avoit fait préparer une colation magnifique, qui fut servie dans le jardin de sa cellule.

Trois

Trois ou quatre des principaux Bonzes feulement, eurent l'honneur d'y être admis.
Mirima, qui vouloit faire oublier à Cafardono les foupçons qu'elle n'avoit que trop
laiffé entrevoir dans la fcene qui
venoit de fe paffer, le gracieu-
fa de fon mieux ; elle fe récria
fur tout ce qu'elle vit avec une
admiration polie , & ne put
s'empêcher de donner de juftes
louanges à la beauté & à l'élé-
gance du jardin.

Mirima fatisfaite de la re-
ception des Bonzes , fe préparoit à fe retirer , lorfque Cafardono lui demanda la permiffion de lui préfenter un de
fes neveux , qui défiroit ardem-
ment d'avoir l'honneur de fe
coucher à fes pieds (façon de
parler Japonoife.) La Princeffe
le lui permit gracieufement.

Alors on vit paroître au bout de l'allée, un jeune homme qui s'avançant d'un air respectueux, salua Mirima avec un peu de trouble, mais dont il eut le tems de se remettre pendant sa prosternation. Après s'être acquitté de ce devoir, il fit à l'Impératrice un compliment si modestement aisé pour un jeune homme qui n'avoit jamais vû la Cour, que c'est peu de dire qu'elle en fut surprise. De l'étonnement Mirima passa à l'admiration. Omendono fils du Prince de ce nom, avoit à peine vingt ans. Jamais elle n'avoit vû un plus beau garçon ; c'étoit des traits, un tein, des cheveux, dont il n'y avoit guéres de belle femme qui ne s'en fût fait honneur ; sa taille & ce que l'on voyoit donnoit des préventions avantageuses. L'in-

L'Impératrice étoit si occupée
à le regarder, que quoiqu'elle
eût plusieurs choses à lui demander sur sa famille, & qu'elle
s'y fût préparée, elle ne lui disoit
pas un mot. Peut-être seroit-
elle plus longtems restée dans le
silence, si le jeune Omendono,
croyant que le respect exigeoit
de lui qu'il se retirât après son
compliment, il se mit en devoir de prendre congé d'elle.

Mirima le retint, & ce qu'elle lui dit étoit si décousu & si
hors de propos, que s'il se
fût trouvé là des gens qui eussent eû intérêt de l'examiner,
on auroit bientôt deviné ce qui
se passoit déja dans le cœur de
la Princesse ; elle se remit pour-
tant peu à peu, & si heureu-
sement pour elle, que si elle
ne se fût ressouvenu qu'elle avoit
parlé de se retirer, je croi
qu'elle

qu'elle y feroit encore.

Elle ne quitta le Dieu Amida qu'avec un poifon dans le cœur, dont elle ne fentit bien les effets, que quand elle fut en liberté d'examiner ce qui fe paffoit de nouveau dans fon ame. Elle arriva à Miaco prefque en même tems que l'Empereur, & Mioxindono aufquels elle parla peu & fe retira dans fon appartement, fous prétexte d'indifpofition ; mais en effet pour y rêver plus à l'aife au mérite du jeune Bonze.

Mirima s'acquittoit des devoirs de fa religion en femme, comme il y en a tant, qui font un peu de bien & un peu de mal. Elle avoit dans une façon d'oratoire joignant à fon appartement, une figure du Dieu Amida, vêtu comme le font les Bonzes dont il eft le Patriarche.

che. Amida n'eſt point de ces vilains Dieux des Indes, dont on ne peut ſupporter la vûe ſans horreur ou ſans crainte. On le repreſente comme un homme aimable & dans la fleur de la jeuneſſe. Les femmes y ont plus de dévotion.

Par une fatalité, qu'on auroit peine à comprendre ſi tous les Hiſtoriens n'en faiſoient foi, il ſe trouvoit que l'Amida de l'oratoire de l'Impératrice reſſembloit à Omendono, ou Omendono à l'Amida. Plus la Princeſſe alloit invoquer ſon Idole & la regardoit, & plus elle croyoit voir le jeune Bonze. D'accord avec ſon amour naiſſant, n'alla-t-elle pas s'imaginer qu'il y avoit du myſtére dans cette reſſemblance. Elle ſe flata que jamais Amida n'oſeroit trouver mauvais qu'elle aimât un un homme qui portoit des traits semblables aux siens. Selon le raisonnement qu'elle se fit sur le champ, ce n'étoit pas le mortel qu'elle alloit bientôt adorer, c'étoit le Dieu lui-même sous la figure du mortel. C'étoit une inspiration qu'il falloit se donner de garde de rejetter, aussi, s'y livra-t-elle de tout son cœur. Amida fut son Dieu favori. Les autres divinités, car les Japonois n'en ont pas pour une, dont les représentations étoient autour de celle d'Amida, furent congediées; on abandonna à qui voulut, la peine de les adorer. Amida eut à lui seul la provision d'encens qu'il auroit dû partager avec ses confréres. Aussi jamais il n'y eut un Dieu si bien parfumé. Mirima passa la nuit dans une agitation amoureuse qui la priva

du

du sommeil : l'idée du jeune Bonze ne désempara pas de son
cœur.

Fissima, l'honnête confidente des amours de l'Impératrice
& de Mioxindono, voyant sa
chere Maîtresse travaillée d'une
si cruelle insomnie, essaya de
l'endormir comme un enfant,
en lui faisant une histoire. C'é-
toit la curieuse qui avoit ouvert le cabinet de Cafardono.
Elle assura la Princesse, que ce
n'étoit pas la vuë des disciplines
de l'homme de bien qui avoit
excité le cri qu'elle avoit poussé ; mais bien celle d'une gen-
tille figure féminine qui avoit
pris la fuite à son aspect.

L'Impératrice connoissoit trop
bien les Bonzes & leur sensua-
lité pour révoquer en doute
le recit de Fissima. Cette nouvelle lui suggéra sur le champ
une

une penfée qui la tranquilifa un peu. Ce fut de faire connoître à Cafardono ce qu'elle fçavoit de fa galante fupercherie. Elle efpéroit que le vieux Bonze auroit quelque condefcendance pour les foibleffes qu'elle étoit bien réfolue d'avoir, pour fon neveu, quand il la fçauroit inf-truite des fiennes.

Prévenue de cette idée, Mi-rima eut envie d'aller voir au plûtôt les Bonzes. Il falloit un honnête prétexte, non feule-ment pour cette vifite, mais encore pour toutes celles que Mirima méditoit de faire par la fuite. Voici comme elle s'y prit.

Elle fit à l'Empereur, à quel-que petite circonftance près, un récit détaillé de la vifite qu'elle avoit rendue aux Bon-zes & des honnêtetez qu'elle en avoit reçûes. Elle lui vanta outre mesure le mérite de leur vénérable Supérieur ; la candeur, disoit-elle, parloit par sa bouche ; il lui avoit tenu des discours si touchans & si remplis d'onction, qu'elle étoit forcée de convenir des vérités qu'il lui avoit découvertes, quelque désagréables qu'elles fussent pour une femme aimable qui veut jouir du printems de son âge, & qu'elle n'avoit pû s'empêcher de prendre la résolution, de mener dorénavant une vie un peu plus retirée & plus conforme à ce qu'Amida sembloit lui avoir ordonné par la bouche de son serviteur. Qu'au reste Cafarnodo étoit un vieillard bien moins respectable par l'immensité de sa barbe, que par l'innocence de ses mœurs & l'austerité de sa vie.

L'Em-

L'Empereur convint avec Mirima que tout ce qu'elle lui difoit pouvoit bien être vrai ; mais qu'il falloit mettre des bornes à fon zele & ne pas s'enterrer toute vivante.

Mon deffein, lui dit Mirima, n'eft pas de me détacher d'un époux qui mérite fi bien toute ma tendreffe, mais, Seigneur, il eft un milieu entre une entiere privation de tous les plaifirs, & les devoirs indifpenfables de mon état. C'eft le tempérament que je fuis réfolue de prendre, fi comme je l'efpere, vous ne me refufez pas la permiffion d'aller quelquefois la femaine invoquer Amida dans fon Temple, & confulter fon interprete fur mes doutes.

Otez à Cubofoma fon fatiguant amour & fon ambition, c'étoit bien la meilleure pâte de mari

mari & d'humain qui fût fous le Ciel. Quelques careffes le déterminerent à confentir à tout ce que voulut fa pieufe époufe. Le bon Empereur trouvoit à cela un double avantage. La réforme qu'alloit embraffer Mirima ne le privoit point d'une femme dont il étoit éperdûment amoureux, & elle la mettoit à couvert de fes traits de médifance, qui n'épargnent perfonne, & dont le contre-coup retombe toujours fur un pauvre mari, quoiqu'il ne puiffe mais des échapées de fa chére compagne.

Mirima engagea l'Empereur à fe convaincre par lui-même de la vérité de ce qu'elle lui avoit dit au fujet des Bonzes & de leur Supérieur; & elle le fit confentir qu'il s'y rendroient enfemble le lendemain.

 Dans

Dans cet intervalle, l'Impératrice inſtruiſit le Confident de ſon nouvel amour, & le lui avoit fait approuver bon gré malgré : elle lui apprit ſes vues & le détacha vers Cafardono, pour lui donner avis de la viſite que lui devoit faire l'Empereur & le preſſentit adroitement ſur le reſte. Fiſſima extrêmement propre à cet emploi expédia en peu les complimens & la premiere partie de ſa miſſion, enſuite elle fit à Cafardono ſes malignes excuſes ſur ſa curioſité, lui inſinua adroitement qu'elle ſçavoit plus de ſes affaires qu'il ne croyoit; voyant que le ruzé Ponze ne donnoit pas dans le panneau, elle lui dit nettement ce qu'elle avoit vû dans le cabinet, ajoutant à ſon récit des circonſtances qui ne laiſſerent point douter

à

à Cafardono qu'elle n'eût découvert fon fecret. Fiffima le voyant un peu troublé, acheva de l'étourdir avec la confidence de l'amour de la Princeffe, elle lui fit comprendre par de bonnes & fortes raifons, qu'il falloit néceffairement qu'il entrât pour un quart dans le myftére, fans quoi, après l'aveu qu'elle lui faifoit de la part de Mirima, il avoit tout à craindre du reffentiment d'une grande Princeffe outragée : reffentiment dont Amida lui-même ne pourroit le fauver malgré tout le pouvoir qu'elle vouloit bien avoir la complaifance de lui attribuer.

Songez, Cafardono, ajouta-t-elle, en finiffant, que fi Mirima n'a pas lieu de fe fouvenir avec plaifir de la confidence que je vous fais, elle s'en ref-

reſſouviendra toujours avec fureur.

Cafardono connoiſſoit trop
bien les femmes, pour riſquer
de s'attirer de gayeté de cœur
la haine de Mirima, c'eſt pourquoi, après quelques petites façons, reſte d'un eſprit clauſ-
tral, & qui n'avoient pour but
que de faire valoir ſa complai-
ſance, il conſentit à tout, ſous
la promeſſe réciproque d'un
ſecret inviolable. Comme le Bonze & l'intriguante avoient auſſi
peu de foy l'un que l'autre à
Amida, ils ne s'aviſérent pas
de le prendre à témoin de leurs
ſermens.

L'Empereur accompagné de
Mirima & ſuivi d'une Cour
nombreuſe, ſe rendit au Pagode des Bonzes, après les cérémonies uſitées en pareille occaſion, Cafardono fit entrer
dans

dans fa cellule Cubofama &
l'Impératrice. Là, il leur fit,
fur l'inftabilité des chofes hu-
maines & le faint repos dont
jouiffoient dès cette vie les vrais
ferviteurs d'Amida, un difcours
fi touchant & fi pathétique ,
que s'il ne perfuada pas l'Empereur, du moins il l'endormit.

L'Impératrice qui s'apperçut
du méchant effet que faifoit fur
fon époux le difcours du Bonze , propofa un tour de promenade ; & pendant que Cubofama étoit occupé à confi-
dérer avec attention les beau-
tés d'un jardin mieux peigné
que les fiens , Mirima & Cafardono eurent le tems de convenir de leurs faits & de prendre de juftes mefures pour l'a-
venir. La Princeffe demanda à
voir le cher objet de fon
amour, mais Cafarnodo in-
finimen

finiment plus prudent qu'elle s'y oppofa vertement, il n'eut pas peu de peine à lui faire entendre raifon fur la néceffité abfoluë, de le fouftraire à tous les regards, excepté à ceux de fa communauté, dont il lui répondoit.

J'ai oublié de dire, que dans la premiere vifite que Mirima fit aux Bonzes, la feule Fiffi-ma avoit fuivi fa maîtreffe dans le jardin de Cafardono ; ainfi perfonne ne fçavoit le fecret de fon entrevüe avec Omen-dono, aucun des courtifans n'y avoit été admis, ils s'étoient difperfés dans la Pagode jufqu'à ce qu'elle partit.

La vifite ayant fuffifamment duré au gré de l'Empereur, il parla de fe retirer ; & Mi-rima pour commencer à jouer fon rôle, le fupplia de lui permettre

mettre de paſſer le reſte du jour en prieres devant le grand Amida. Cuboſama, qui crut ne devoir pas s'oppoſer à ſa pieuſe intention, lui en laiſſa la liberté & ſe retira avec ſa Cour.

Il raconta, chemin faiſant, à Mioxindono l'accès de dévotion qu'avoit fait l'Impératrice, il badina ſur ſa ferveur d'une maniere qui fit croire au Général de l'Empire, qu'elle ne ſeroit pas de logue durée.

Cependant Mirima proſternée devant l'Idole d'Amida y tenoit toute ſa ſuite, qui ne lui ſçavoit pas trop bon gré de cet excès de dévotion. Enfin on reprit le chemin de Miaco en s'entretenant de diſcours moraux.

Arrivée au Palais Impérial, la Princeſſe déclara devant toute ſa Cour, qu'elle étoit réſoluẽ foluë de fe confacrer au Culte d'Amida autant que les devoirs de fon état le ui permettroient. Chacun raifonna fur cette déclaration fuivant le plus ou moins de lumieres qu'il avoit reçû du Ciel. Le changement de l'Impératrice fit pendant quelque tems la matiére des converfations de la Cour & de la Ville : & il arriva de cette nouveauté comme de toutes les autres ; quand on en eut beaucoup parlé , on n'y penfa plus.

La réforme que Mirima introduifoit dans fon Palais , comme dans ces manieres , n'étoit pas au goùt de tout le monde , furtout à celui de Mioxindono , qui prit la liberté de lui en faire fes très-humbles remontrances , dans une entrevûe qu'il n'obtint qu'avec bien de la peine.

L'ar-

L'artificieufe Mirima lui fit un long récit des infpirations & des révélations dont Amida l'avoit honorée, elle lui répéta une partie des difcours que Cafarnodo lui avoit tenus en préfence de l'Empereur ; & inventa ce qu'elle fupofoit qu'il lui avoit dit en particulier. Elle conclut enfin par lui dire, qu'elle étoit réfoluë de foufcrire aux ordres d'Amida en renonçant, non feulement aux plaifirs de fon âge ; mais même encore à fon amour ; elle le conjura les larmes aux yeux, d'oublier les foibleffes qu'elle avoit eûes pour lui, & de joindre fes vœux aux fiens pour en obtenir le pardon.

Mioxindono qui n'avoit de religion qu'autant qu'il lui en falloit pour n'en être point embarraffé, & qui d'ailleurs n'étoit point

point fot, ne fut pas la dupe des forfanteries de Mirima ; il prit cependant la voye de la douceur & lui remontra amiablement, combien de fermens amoureux elle avoit la témérité de violer, fur la foy d'un fonge trompeur & des radoteries d'un bonhomme en qui l'âge avoit dérangé la cervelle.

Mirima entreprit la défenfe d'Amida & de fon ferviteur avec tant de chaleur, que Mioxindono perdant patience, traita Cafardono d'impofteur & l'apoftropha fans ménager les termes. Puis s'adreffant au Dieu lui-même, il le maltraita très-fort de parole ; le prit, comme on dit communément, par la tête & par les pieds, & menaça d'abolir fon culte, s'il venoit jamais en paffe de cela.

C'étoit là où Mirima l'attendoit.

doit. Elle le traita d'athée, d'im-
pie ; elle feignit de s'étonner
pourquoi la terre ne s'ouvroit
pas pour l'engloutir après les
horribles blafphêmes qu'il venoit
de vomir, & pour conclufion
le mit dehors par les épaules,
avec injonction à lui de ne
plus paroître devant elle.

L'Impératrice fit en cette occafion une très-lourde faute,
comme l'a judicieufement remarqué Coquefigruendono, auteur
contemporain. Si, dit le fçavant
Japonnois, Mirima n'eût pas
affecté de marcher à pas de
géant dans le fentier de la réforme ; qu'elle ne s'y fût pas
jettée *à corps perdu* ; qu'elle l'eût
embraffée par dégrès & pour
ainfi dire imperceptiblement ,
Mioxindono avec tout fon efprit en auroit été la dupe ;
mais la rapidité avec laquel-

le elle passa d'une extremité à l'autre, fit croire à son amant qu'il y avoit un *dessous de cartes*, qu'il avoit, d'autant plus d'intérêt de découvrir, qu'on le lui cachoit avec plus de soin. Cette réflexion qui ne se présente pas d'abord à l'esprit, marque bien la profondeur du génie de notre Auteur. Il n'est pas donné à tout le monde d'en faire de si judicieuses.

Je sçai quantité de très-bonnes choses à ce sujet & qui trouveroient parfaitement bien leur place ici ; mais je sçai aussi me renfermer dans ma sphére, & qu'il n'appartient pas à un petit faiseur de livres, d'oser joindre ses reflexions à celles d'un aussi grand homme, que l'étoit Coquesigruendono.

L'infortuné Mioxindono sortoit du Palais Impérial le désespoir

ſeſpoir dans l'ame ; la rage peinte ſur le viſage & dans les yeux, quand il rencontra Déjandono, un des plus grands, mais un des plus pauvres Seigneurs du Japon, grand homme de guerre, aimé des ſoldats, que ſes liberalités ruineuſes lui avoient gagnés, le luxe & ſes prodigalités l'avoient réduit à la cape & à l'épée, du reſte, vif, brouillon, & tout prêt à entreprendre quelque choſe de grand qui pût relever ſa fortune ou le faire périr avec éclat. Tel étoit Déjandono, que le refus d'un gouvernement dont l'Empereur avoit diſpoſé à ſon préjudice en faveur d'un parent de Mirima, avoit extremement aigri contre la Cour. Mioxindono, ſous lequel il avoit longtems ſervi, ſe l'étoit attaché par ſes bienfaits.

Il ne put voir le trouble qui agitoit son protecteur sans lui en demander la cause, & le pria de ne la lui point cacher. Mioxindono en fit d'autant moins de difficulté, que Déjandono sçavoit le secret de son intrigue avec Mirima.

Déjandono, qui ne pouvoit guéres espérer le rétablissement de ses affaires, que d'une nouvelle révolution, vit du premier coup d'œil, que si Mioxindono éclatoit publiquement contre l'Impératrice, il se mettoit par cet éclat dans la nécessité d'une révolte, qui put le soustraire au ressentiment, que probablement Cubosama auroit de l'ignominie dont il couvroit son front, & que les troubles d'une guerre civile, lui offriroient peut-être les moyens de se venger de l'Empereur, & de rac-

com-

commoder ſa fortune délabrée,
Prévenu d'une idée ſi conforme à ſa vengeance & à ſes in-
térêts , Déjandono ſoufla le feu
qui s'allumoit dans le cœur de
l'amant débuſqué de celui de
Mirima ; mais il avoit à faire à
un homme qui n'alloit pas ſi
vîte dans ſes entrepriſes.

Mioxindono avoit conçu
pour l'Impératrice un véritable
amour. Il vouloit bien tirer
quelque petite vengeance de
Mirima, mais non pas la pèr-
dre par un éclat indiſcret. Il
ne déſeſperoit pas de rentrer
dans ſes anciens droits avec
l'Impératrice, quand le grand
feu de ſa dévotion ſe ſeroit
rallenti , ou peut-être éteint
tout-à-fait, ne ſçachant pas le
motif de ce ſubit amour pour la
piété , il crut que c'étoit une
fantaiſie de femme qui s'en

 iroit

iro't auffi grand train qu'elle étoit venuë.

Cependant il fut forcé de penfer bien autrement quand il s'apperçut après un tems confidérable que la dévotion de l'Impératrice ne faifoit que croître & embellir. On ne voyoit qu'elle fur le chemin de Miaco au Pagode des Ponzes. Cette perſévérance acheva de lui mettre tout-à-fait martel en tête. Il fe réfolut tout de bon d'épier ferieufement les démarches de Mirima, s'il ne fe trouvoit pas en perfonne aux cérémonies publiques & particulieres où Mirima étoit obligée de fe faire voir, il avoit quantité d'efpions bien payés qui lui rendoient un fidéle compte de fes moindres démarches.

Il avoit eu jufques-là affés bonne opinion de Mirima,

pour

pour croire qu'elle ne lui donnoit point de fubftitut ; mais fes
frequentes vifites au Pagode où
fes éfpions ne pouvoient pénétrer qu'à demy, lui firent
naître des foupçons qui ache-
verent de lui déchirer l'ame.

Cependant Mirima avoit beaucoup avancé les nouvelles affaires de fon cœur. Omendono charmé de la conquête d'une
fi belle Princeffe, avoit répon-
du à fes avances avec toute
la vivacité dont on eft fufcep-
tible à fon âge. Il y avoit au
bout d'une gallerie & à l'extré-
mité du jardin du bon Cafardono, un petit cabinet de mé-
nuiferie, qui devint le théâtre
des plaifirs de l'Impératrice, ce
fut dans cette retraite que la
voluptueufe Mirima & fon jeune amant fe donnerent récipro-
quement des preuves d'une ten-
dref-

dreſſe qui ne finit qu'avec leur vie.

Le Bonze, qui n'avoit point encore vû le monde avoit d'abord eû de la peine à commencer cette intrigue. En jeune homme timide, il n'oſoit, malgré les leçons de ſon oncle, qui avoit eu ſoin de l'endoctriner, ſe livrer à tous les tranſports qu'excitoit chez lui les charmes que Mirima avoit la bonté d'offrir à ſes regards, avec toute la décence & la modeſtie dont ſon violent amour lui permettoit d'uſer. Novice en amour comme en religion, Omendono s'armoit malgré lui d'une crainte reſpectueuſe dont il ne pouvoit ſe débarraſſer, quoique Mirima l'eût mis plus d'une fois à portée de lui manquer de reſpect.

Les bontez qu'on lui laiſſoit

très-diftinctement voir , lui pa-
roiffoient autant de piéges qu'on
tendoit à fa vie. Ofer prendre
des libertez avec une femme
de la volée de Mirima , c'étoit
felon fon raifonnement , com-
mettre un crime que tout fon
fang ne pouvoit expier. L'Impératrice enrageoit de tout fon
petit cœur , de voir un fi bel
homme fi fot. Elle fut enfin contrainte de dire les grands mots
& fe vit dans la néceffité de
lui faire des avances fi intelli-
gibles , que le Bonze qui n'é-
toit pas tout-a-fait fi fot qu'elle
le croyoit , comprit aifément
que ne pas faire le refte du chemin en pareille occafion , étoit
un crime bien moins pardonna-
ble que l'attentat le plus inful-
tant.

Omendono fit donc fon de-
voir , & il le remplit avec tant
d'ardeur ,

d'ardeur , que sa sensuelle a-
mante eut l'impiété de défier
tacitement le puissant Amida,
de lui faire goûter dans l'autre
vie des douceurs plus volup-
tueuses.

Cafardono avoit demandé à
la Princesse la liberté de lui
présenter le meuble le plus a-
musant de son cabinet de pénitence , & Mirima qui la lui
avoit accordée avec bien du
plaisir , n'en avoit pas moins
eu à la vûe d'une jeune personne toute charmante. Elle
donna de grandes louanges à
l'amabilité du choix du vieux
Tartuffe.

Un grand Brun d'environ
quarante ans , confident de
Cafardono , aidoit à Fissima à
garder les manteaux avec moins
d'ennui.

Pendant que ces trois cou-
ples

ples d'amoureux se réjouissoient,
en gens qui n'ont point de tems
à perdre, le desespéré Mioxindono se donnoit réguliérement
cinq ou six douzaines de fois
chaque jour à tous les Dieux,
& à tous les Diables du Japon,
sans qu'aucun de ces Messieurs
eût la charité de le délivrer de
son amoureux tourment, en le
prenant au mot.

Il détacha Déjandono à Fissima ; & Déjandono avec son
beau langage, ne fit auprès de
Fissima, que de l'eau toute clai-
re. Il avoit affaire à une confidente trop madrée, pour se
laisser tirer le secret de sa Maîtresse à beaux mensonges comp-
tans. Fissima se connoissoit encore mieux en amour, que
Déjandono n'y sçavoit feindre.
Et puis ç'auroit été troquer
son cheval bien clairvoyant con-

tre

tre un aveugle, de donner à un millitaire uſé de fatigues & cætera, la préférence ſur un Bon-ze frais, dadouillet & ſéjourné. Fiſſima entendoit trop bien ſes interêts pour faire un ſi mauvais troc.

Mioxindono voyant ſes meſures rompues de ce côté, changea de batterie. Il avoit un parent parmi les Bonzes, il lui rendit coup ſur coup pluſieurs viſites qui donnerent beaucoup à rêver aux amans. Ils connoiſſent trop bien le Général de l'Empire, & ſa façon de penſer en matiere de religion, pour croire que la dévotion fût le vrai motif de ſes frequens voyages chez les Bonzes.

Le ruzé Cafardono, à qui Mirima avoit fait confidence de ſon défunt amour pour Mioxindono, jugea, en vieux routier,

tier, qu'il falloit dépaïſer les curieux , en feignant d'éloigner
l'objet de la nouvelle paſſion de
l'Imperatrice ; on lui expedia en
plein chapitre une obédience
pour aller dans une autre mai-
ſon ; à je ne ſçai combien de
lieues de Miaco. En vertu de
ſa miſſion , Omendono partit
publiquement par une porte ,
rentra ſecretement par une autre & ſe tint très - exactement
caché dans la cellule du bon
homme.

Mioxindono , qui avoit vou-
lu agir de fineſſe avec le Bonze ſon parent , avoit trouvé en
lui un homme à qui, quoiqu'il
fût un très-petit genie, il n'é-
toit pas facile de tirer les vers
du nez : les politeſſes d'un parent qui n'avoit jamais daigné
lui en faire , lui étoient de-
venues ſuſpectes ; & plus le
Général

Général de l'Empire cherchoit à pénétrer le secret de ce qui se passoit dans l'intérieur du Pagode, plus le Bonze se tenoit boutonné. Mioxindono fut enfin contraint de parler net. Il fit à son parent confidence de toutes ses affaires amoureuses & le pria instament de lui aider à découvrir le sujet des retraites de l'Impératrice dans le Pagode. Le Bonze qui croyoit pieusement que les conferences de Mirima & de Cafardono n'avoient pour but qu'une direction spirituelle, l'assura que lui & ses confreres étoient très-persuadés, que leurs entretiens n'avoient pas d'autre point de vûe que leur mutuelle santification, & qu'il n'étoit jamais tombé dans l'esprit d'aucun d'eux, que Mirima & Cafardono eussent ensemble des liaisons fons qui démentiſſent la vertu de l'une & la ſainteté de l'au-tre.

J'en ſuis perſuadé auſſi bien que vous, lui répondit Mio-xindono, je connois trop bien le bon goût de la Princeſſe, pour ne pas dire ſon tempéra-ment, pour m'imaginer qu'elle ait choiſi pour galant votre vieux coquin de Supérieur; mais je ne ſuis pas non plus aſſez ſot pour me perſuader, que Mirima s'enterre, pour ainſi dire, toute vivante chez vous, pour y vaquer à l'oraiſon avec moins de diſtraction. Il doit y avoir là-deſſous, continua-t'il, un myſtére d'iniquité, que je découvrirai à quelque prix que ce ſoit, vous ſçavez que je ſuis un homme de parole: vous connoiſſez le pouvoir que j'ai dans l'Empire; ſi dans quinze jours je ne fuis pas inftruit de ce que je veux fçavoir, je ne vous fais point de menaces, elles font indignes d'un homme tel que moi ; mais de ma propre main, je mettrai le feu à votre maifon & j'aurai le plaifir de la réduire en cendres avec tous ceux qui l'habitent. Adieu, mon cher coufin , ajouta-t'il en l'embraffant avec cordialité, faites réfléxion que je n'ai jamais manqué à ma parole, & que j'attens votre réponfe dans quinzaine.

Ces paroles jetterent une mortelle frayeur dans l'ame du Bonze , qui connoiffoit le coufin Mioxindono pour un homme qui ne badinoit pas volontiers. Il fit tout ce qu'il lui fut humainement poffible de faire pour découvrir le fecret en queftion, fans pouvoir en venir à bout. Auffi

Aussi n'étoit-ce pas une petite affaire, à moins que d'entrer dans le jardin ; & il n'y avoit point de Bonze quelque effronté qu'il fût, qui osât y mettre le pied pendant que l'Impératrice y étoit après la défense solemnelle qui en avoit été faite.

En vain le Bonze avoit allégué cette raison à Mioxindono, c'étoit précisément cette défense qui lui faisoit juger qu'il se passoit dans le jardin des choses qui n'étoient point du tout à la gloire de Mirima ; qui pendant toutes ces allées & venuës, profitoit le plus souvent qu'il étoit possible de la permission que lui avoit donné l'Empereur de visiter les Bonzes tant & si peu qu'elle le jugeroit à propos.

Elle passoit dans les bras de son jeune amant autant de mo-

mens

mens délicieux, que Mioxindono en trouvoit d'affreux dans
ceux de la jalousie; les soupçons,
& les inquiétudes ne lui laissoient
de relâchement que les momens
que lui donnoit l'espoir d'une
vengeance proportionnée aux
maux qu'il souffroit.

Le quinziéme jour du délai
étoit expiré que le parent de
Mioxindono , lui apprit que
malgré tous les mouvemens qu'il
s'étoit donné , il n'en sçavoit
pas plus que le premier jour.
Et Mioxindono l'assura très-po-
sitivement qu'il n'avoit qu'à se
préparer à se voir brûlé la nuit
suivante ; ce fut en vain qu'il
embrassa ses genoux, qu'il le
conjura de considérer qu'il n'é-
toit pas juste que quantité d'hon-
nêtes gens fussent grillez pour
les beaux yeux de Mirima &
pour la faute d'un seul homm-
me ,

me , Mioxindono n'entendoit point de raifon. Toute la grace qu'il lui accorda fut de lui permettre de fe fauver. Si mieux il n'aimoit lui faciliter les moyens de pénétrer lui-même dans le jardin de Cafardono , quand l'Impératrice y feroit.

Autre remontrance auffi vaine que la premiére , fur le péril auquel il alloit expofer une vie fi utile à l'Empire , Mioxindono lui déclara qu'il n'y avoit que ce moyen d'éviter l'incendie.

Il avoit été porté à cet excès de témérité par Déjandono , qui lui avoit fortement imprimé dans la tête qu'il ne feroit jamais bien inftruit de ce qu'il vouloit fçavoir à moins qu'il ne le vît de fes propres yeux.

L'efprit brouillon avoit fes vûes, en lui donnant ce confeil,

il

il étoit bien perfuadé, qu'in-
nocente ou non, l'Impératrice
feroit beau bruit fur un manque de refpect fi puniffable, que
l'Empéreur, qui s'en fentiroit
outragé, de quelque façon que
ce fût, ne manqueroit pas de
vouloir en tirer une vengeance proportionnée à l'affront de
quelque part qu'il lui vînt &
que Mioxindono, pour fe fouftraire à la punition duë à fon
crime, fe verroit obligé de for-
tir de la Cour, & fans doute
d'exciter une révolte pour mettre fa tête en fureté.

Déjandono étoit, comme
font prefque tous les Japonois,
un affés méchant railleur. Il
s'étoit égayé fur le compte de
Mirima dans le tems que Cubofama donna au parent de
l Impératrice le Gouvernement
qu'il croyoit dû à fes fervices.
Mirima

Mirima n'avoit point oublié certains bons mots, qui ne valent jamais rien quand on les lance sur ses Souverains ; & l'Impératrice, qui étoit femme en tous points , s'étoit vangée des Satyres de Déjandono toutes les fois que l'occasion s'en étoit présentée. Celui-ci comptoit bien avoir sa revanche, en aidant à la découverte du commerce amoureux qu'il ne doutoit pas que sa Souveraine n'entretînt chés les Bonzes.

Poussé par ces deux grands motifs, la vengeance & le retablissement de sa fortune, Déjandono souffloit le feu qui dévoroit Mioxindono. Il lui faisoit regarder l'entreprise qu'il conseilloit comme la plus petite chose du monde , & la jalousie du Général de l'Empire la lui faisoit croire telle , quoiqu'elle qu'elle meritât bien qu'on y regardât à deux fois.

Une vieille cellule inhabitée, dont le jardin étoit contigu à celui de Cafardono, parut au coufin du Général de l'Empire, le feul endroit par où il pût l'introduire chez le Supérieur; il s'agiffoit de paffer pardeffus le mur ou d'y faire une ouverture, cette derniére voye lui ayant paru la moins périlleufe à caufe d'une paliffade qui couvrant le mur cachoit auffi un trou, que le Bonze, qui n'aimoit pas la grillade, fit affez grand pour y paffer un homme de raifonnable corpulence, il travailla pendant plufieurs nuits à cet ouvrage; & quand il le crut perfectionné, il en donna avis à Mioxindono, qui fe tint prêt pour le premier jour que Cubofama & fa chafte époufe iroient

iroient rendre visite à Amida. Il s'imagina qu'il feroit plus facilement son coup parmi l'embarras & le tumulte que causent ordinairement la suite des Souverains.

Déjandono, qui n'étoit point amoureux, laissa à Mioxindono le soin de venger son amour méprisé, & se chargea de la retraite. Il assembla son nombre d'Officiers & autres qu'il connoissoit gens à se faire hacher pour le service de Mioxindono. Il les pria de se mettre de la suite de l'Empereur le premier jour qu'il iroit chés les Bonzes & de ne point s'étonner de ce qu'ils verroient & entendroient ; mais seulement de soutenir & favoriser la retraite de leur Général, après qu'il auroit expédié une petite affaire qu'il avoit avec un Bonze,

G

qui

qui s'étoit oublié jusqu'à lui faire l'affront le plus sanglant, dont pût être capable un homme de sa Robe.

Ces Messieurs, sans vouloir pénétrer plus avant dans le mystére, assurerent Déjandono, que leur Général pouvoit compter sur leurs épées, & même sur leurs vies.

En habile homme, Déjandono ne jugea pas à propos de s'enfermer dans le Pagode, il devoit tenir la campagne à la tête d'une trentaine de Cavaliers la plûpart domestiques de Mioxindono, qu'il devoit rassembler le jour de l'expédition, sous prétexte d'une partie de chasse, de l'autre côté d'un petit ruisseau qui moüilloit le pied des murs du Pagode. Là, il devoit attendre des nouvelles de l'Entreprise, pour, dans le besoin
soin

foin, favorifer l'évafion de Mioxindono, ou voler à fon fe-
cours, au cas que les amis qu'il
avoit dans le Pagode ne fuffent
pas les plus forts.

Ces mefures prifes, ils atten-
dirent avec impatience le jour
qui devoit éclairer une bien
cruelle fcene. Il n'arrivoit pas
affez-tôt à leur gré, car l'Empereur occupé d'autres chofes,
n'alla de long-tems chez les
Bonzes. Mioxindono vouloit
précipiter l'affaire fans garder
tant de mefures, mais fon Con-
feiller, qui vouloit abfolument
perdre l'Impératrice fouhaitoit
que la chofe fe fît avec éclat,
il craignoit avec raifon que Mioxindono, toujours amoureux,
ne pardonnât trop facilement à
Mirima s'il la trouvoit *in fla-*
granti, & que fa vengeance ne
fût pas fervie au gré de fes de-

G ij

firs

firs. Il sçavoit ce que peuvent
les larmes d'une femme ; & qu'il
y en a de si adroites à s'excu-
ser, qu'elles trouvent des rai-
sons où il n y a pas de probabi-
lité.

Pendant qu'une conspiration
qui devoit avoir de si funestes
suites, se tramoit contre l'Impératrice ; cette Princesse de plus
en plus enchantée de son jeune
Amant, se livroit sans ménage-
ment à toute sa tendresse, qu'O-
mendono servoit avec une ferveur de novice. La reconnois-
sante Mirima lui prodiguoit les
caresses les plus insinuantes,
ses discours, ses actions lui prou-
voient à chaque instant la violence d'un feu que le jeune Bonze ne modéroit jamais que pour
lui faire prendre une nouvelle
activité.

Les affaires de son Empire
occu-

occupoient tellement Cubosama , qu'il ne put de long-tems
faire un voyage au Pagode , ce
retardement désespéroit Mioxindono , qui craignoit que ses
mesures n'en fussent rompuës ;
il étoit facile de découvrir le
trou fait à la muraille , malgré
la palissade qui le couvroit , &
cent inconvéniens qu'on ne
prévoïoit pas , pouvoient sur-
venir & faire manquer l'entreprise.

Que de réflexions chagrinan-
tes pour un homme qui cou-
roit à la vengeance ! Le Général de l'Empire reçut quelque
adoucissement par l'extrême envie qu'il avoit de se voir certain de son malheur. Il se flatta
qu'en attendant mieux , il pourroit contenter une partie de sa
curiosité , en regardant dans le
jardin par le trou en question.

Il communiqua cette pensée à son parent, qui tremblant de fraïeur, voulut l'en dissuader en lui remontrant que trop de précipitation gâteroit peut-être ses affaires sans espoir de retour. Mais tel étoit Mioxindono, que plus on lui faisoit voir des difficultés, plus il vouloit les surmonter.

Il força son cousin de le conduire dans la cellule inhabitée un jour que Mirima étoit dans celle de Cafardono. Il s'approcha du trou, écarta doucement quelques branches avec les mains, regarda long-tems de toute l'avidité de ses yeux, & vit qu'il ne voyoit rien.

Or il est bon que le Lecteur sçache pourquoi Mioxindono, malgré la bonté de sa vûe, ne vit d'abord rien. Mirima étoit bien dans le jardin, mais Omen-

dono

dono n'y étoit pas. Couché tout de son long dans un bon lit, il se reposoit des fatigues passées, & prenoit des forces pour les futures. La bonne chere qu'il avoit fait faire à Mirima le contraignoit de faire diette, & la tendre Impératrice au chevet du lit de son Amant, lui faisoit avaler force cordiaux & nombre de restaurants, elle s'acquittoit de cette œuvre de charité avec un zele qui témoignoit bien l'envie qu'elle avoit d'en tirer bientôt du profit.

Cafardono & sa jolie Récluse faisoient compagnie tant au malade qu'à celle qui en avoit le soin, & Fissima attendoit en bâillant le retour de son Galant qu'une affaire retenoit ailleurs.

Cette derniere, ennuyée sans doute d'entendre les doléances

que

que faisoit sa maîtresse, entra dans le jardin pour prendre l'air. Elle alla du côté où étoit le curieux, & s'assit vis-à-vis, mais loin de lui, sur un siege de gazon. Bientôt après elle fut jointe par l'Amante de Cafardono, qui probablement s'ennuyoit aussi d'entendre les plaintes que faisoit Mirima. Elle prit place auprès de Fissima, & toutes deux s'entretinrent de tout ce qui leur vint à la pensée.

Oh! que Mioxindono auroit donné de grand cœur tout ce qu'il possédoit, pour avoir l'oüie aussi fine qu'il avoit la vuë longue!

Ne pouvant entendre, il s'attacha à considérer leurs gestes; mais ceux que les femelles faisoient alors ne signifioient rien. Cependant il fut étonné de voir là un visage à lui inconnu. Il

chercha

chercha long-tems où il pouvoit l'avoir vû fans rien trouver
qui le fatisfît. A la fin, las de
donner la torture à fon efprit,
il imagina ce qu'il auroit dû
penfer d'abord, que c'étoit une
femme de la fuite de l'Impératrice. Il lui étoit fort pardon-
nable cependant de n'avoir pas
penfé cela du premier coup ;
parce que la Réclufe, qui étoit
pour ainfi dire chez elle, étoit
vêtuë fort négligemment, pour
ne pas dire avec peu de mode-
ftie, & ce, fuivant l'ufage des
Dames du Japon, qui, en ville,
s'affublent d'un grand nombre
de robes très-fines qu'elles met-
tent les unes fur les autres, &
qui, chez elles ont fi peu de vê-
temens que ce n'eft pas la peine d'en parler. Fiffima au contraire étoit vêtuë avec décence, parce qu'elle n'avoit point

eu

eu occasion de l'être autrement.

Cette réflexion qui n'échapa pas à un homme qui auroit été bien fâché d'en faire qui l'eussent tranquilisé, fit parcourir bien du chemin à son imagination. Il n'auroit peut-être pas frapé au but, si Cafardono qui parut, ne l'eût tiré d'intrigue, en venant joindre les Dames. Il fit quelques caresses à son Amante, & il en reçut qui mirent le Spectateur au fait.

Enfin, parut Mirima, qu'Omendono peut-être fatigué de ses empressemens, avoit prié de lui laisser prendre quelque repos. L'air de familiarité dont elle fut reçuë intrigua Mioxindono, qui se figura qu'une Princesse naturellement fiere ne se confondroit pas si facilement avec des gens fort au-dessous d'elle,

d'elle, fi elle n'en avoit de fortes raifons. Mais ce qui acheva
de l'en perfuader fut l'arrivée
du Tenant de Fiffima qui, fans
égard pour la compagnie dans
laquelle il avoit l'honneur d ê-
tre admis, débuta avec la Confidente par de très-libres careffes, pendant que de fon côté
Cafardono n'en ufoit pas plus
refpectueufement.

Mioxindono, outré plus
qu'on ne le peut dire de ces
façons délibérées, étoit près
d'éclater, fi fon parent qui l'a-
voit fuivi & qui en voyoit autant que lui, quoiqu'il n'eût
qu'un œil au trou, & qu'il ne
regardât que pardeffus fon épau-
le, ne l'en eût empêché en lui
remontrant (car il étoit fort fur
la remontrance) qu'il manqueroit fon coup par trop de précipitation.

Quelque

Quelque grand que fût le trouble que cette vision jettoit dans l'ame de Mioxindono, il lui laissa cependant assez de raison, pour concevoir que son cousin en avoit plus que lui ; & il se retira très-prudemment pour un homme à qui on n'auroit pu, sans injustice, reprocher d'avoir marqué quelque vivacité en pareille occasion.

Il faut avoüer, dit Mioxindono à son parent, quand ils furent dans la Cellule, que vous autres Bonzes, vous êtes de grands coquins, de vous prêter ainsi à l'infamie. Mais, répondit le cousin, vous avez tort de m'apostropher : ce n'est pas moi ; je ne suis point de ce tripot-là, moi ! Ne voudriez-vous pas me faire croire, répliqua le Général, que vous valez mieux que les autres ? Eh !

Eh ! Non , non , mon cher coufin, je vous mets au même taux.
Je parie que vous avez ici chacun votre chacune ; mais quand
cela feroit , répondit niaifement
le Bonze , cela ne vous dit pas
que l'Impératrice foit , comme
vous vous l'êtes fouré dans la
tête , en commerce illicite avec
aucun de nous. Le Supérieur
& fon compagnon ne fe font
pas adreffé à elle , ainfi vous
voyez bien , mon coufin, que
vous avez le plus grand tort
du monde de penfer comme
vous penfez.

Pour un homme de votre robe , dit Mioxindono , en hauf-
fant les épaules , vous êtes une
bien pauvre efpéce , vous ne
méritez pas d'être Bonze. Si
j'étois auffi fot que vous , je
m'imaginerois que Mirima a la
complaifance de joüer un per-
fonnage

fonnage qui ne lui convient
point du tout ; mais , grace au
Ciel , je penfe tout autrement ,
& je m'en fçais bon gré , quoiqu'il en coûte à ma tranquilité.
Si je n'avois pas déféré au be-
nêt d'avis que vous venez de
me donner , j'aurois fans doute
trouvé ce que je cherche , mais
ce fera pour une autre fois.
Adieu.

Ainfi s'enalla Mioxindono ,
le cœur gros de foupirs & gon-
flé d'amertume.

Il n'eft pas néceffaire de dire
que le Général fit part à Déjandono de tout ce qu'il venoit
de voir , & qu'ils firent de très-
belles & très - curieufes remar-
ques à ce fujet.

Il arriva enfin , ce jour fi ar-
demment défiré. Cubofama & fa
chafte moitié firent un péléri-
nage célebre au Pagode du grand
Amida,

Amida. Mioxindono & ſes amis
ſe mirent à la ſuite du Prince,
pendant que le boute-feu Déjandono tenoit la campagne.

Après avoir fait oraiſon à A-
mida, l'Empereur & ſa Cour ſe
répandirent dans le Pagode, &
Mirima courut à la Cellule de
Cafardono, ſe jetta dans les bras
de la copie vivante du plus grand
des Dieux du Japon.

Pas ne manqua Mioxindono,
bien armé, de ſe rendre chez
ſon parent qui, voyant l'affaire
dans ſa criſe, trembloit de la
plus grande frayeur qu'il reſſentit jamais. Il eſſaya, mais vaine-
ment, de détourner de ſa téméraire entrepriſe ſon obſtiné
couſin, qui ne parloit pas moins
que de le racourcir de toute la
tête, s'il ne lui tenoit parole.

Mioxindono paſſa par le trou
fait au mur, écarta la paliſſa-
de

de qui le couvroit, avec toute l'ardeur d'un homme qui franchit les obſtacles qui l'empêchent d'arriver où un grand plaiſir l'appelle, pendant que ſon couſin, que la choſe ne touchoit pas de ſi près, invoquoit alternativement & de l'autre côté du mur, tous les Dieux conſervateurs du Japon, pour le ſalut de ſon téméraire parent.

Le premier objet qui frapa les yeux du Général de l'Empire, après avoir fait quelques pas dans le jardin, ce fut la complaiſante Fiſſima & ſon cher Bonze qui, ſans penſer au culte d'Amida, vaquoient à celui de l'amour avec tant d'ardeur & de recueillement, qu'ils ne virent pas Mioxindono qui s'approchoit d'eux pour aller où il croyoit Mirima. Le Général s'attendoit

tendoit à tout , & ne fut pas autrement surpris de ce qu'il voyoit. Il alloit passer plus loin , persuadé que plus il iroit en avant , plus il verroit de belles choses, quand Fissima revenant d'une extase , apperçut quelqu'un qui n'étoit pas de la fête , & qu'elle n'eut pas de peine à reconnoître pour qui il étoit.

La vuë de Mioxindono qui paroissoit n'être pas là par promenade , lui fit pousser un grand cri , & faire un mouvement qui lui facilita le moyen de courir vers le cabinet où l'Impératrice vaquoit au même œuvre qu'elle venoit de quitter.

Mioxindono qui avoit la jambe bonne & qui devina son intention la suivit de si près , qu'il entra en même-tems qu'elle dans le cabinet , où il trouva l'Impératrice dans l'état le plus singu-

lier où une femme puiſſe être
ſurpriſe.

L'accabler des noms les plus
outrageans, mais les mieux mé-
rités, mettre le ſabre à la main
pour en porter un coup à ſon
rival, furent pour Mioxindono
les effets du premier mouvement.

Mirima, plus attentive à con-
ſerver la vie de ſon amant qu'à
réparer le déſordre où elle ſe
trouvoit, ſe jetta audevant du
coup qu'elle reçut ſur le bras.
Mioxindono outré de ce malheur demeura interdit à la vuë
du ſang de la belle Princeſſe,
pendant que ſon heureux rival,
qui voyoit que tout ceci n'étoit
pas raillerie, gagnoit à pas pré-
cipités la cellule de ſon oncle.
Mioxindono, qui s'apperçut de
ſa fuite, ſe mit en devoir de le
pourſuivre, & Mirima qui con-
nut

nut à quel dessein, se jetta pour ainsi dire à ses pieds, pour lui demander la vie de son amant pour laquelle elle lui offrit la sienne.

Cet offre fit monter la colere du Général de l'Empire à son plus haut degré, il se débarassa de l'Impératrice en la jettant sur un petit lit, théâtre de ses plaisirs & suivant à grands pas le timide Omendono, il le poursuivit de place en place, jusques dans une salle où Cubosama s'entretenoit avec quelques courtisans. Là, sans respect pour la présence du Monarque, & ne consultant que la juste fureur, il pourfendit le Bonze d'un coup de sabre.

Un manque de respect si marqué, jetta l'Empereur & les spectateurs dans un étonnement qui les faisoit paroître autant

de

de figures pétrifiées. Cubosama, qui revint un des premiers, ordonna que mort ou vif, on se saisît du coupable qui, sans doubler le pas & d'un air froid, comme s'il n'y eût eu rien à craindre pour lui, prenoit le chemin ordinaire pour sortir du Pagode. Mais voyant courir après lui une partie de la Garde de l'Empereur ; & quelqu'un de ses amis l'ayant averti qu'il ne faisoit pas bon là pour lui, & de l'ordre que le Prince avoit donné de l'arrêter ; il se mit en devoir de faire acheter cherement l'honneur de sa prise.

Jamais bête fauve ne se défendit mieux d'une troupe de chasseurs que Mioxindono fit en se retirant. Il est vrai que ses amis facilitoient sa retraite, mais le nombre des assaillans croissant à chaque instant, il auroit

enfin

enfin fallu fe rendre ou périr, fi le Bonze fon parent, qui entendit le bruit, & à qui on apprit le mauvais parti que Mioxindono avoit fait au neveu de fon fuperieur, n'eût fauté le mur de clôture, paffé le ruiffeau, & donné à Déjandono, qu'il fçavoit tenir la campagne, avis de ce qui fe paffoit dans le Pagode.

A peine Déjandono lui laiffa-t-il le tems d'achever de parler qu'il paffa le ruiffeau, & qu'à toute bride, il prit avec fa troupe le chemin du Pagode. A fon arrivée il écarta à grands coups de fabre cette foule de Gardes qui entouroient Mioxindono & fes amis; il fit monter le Général fur un cheval; & paffant fur le ventre de tout ce qui fe trouva devant eux, ils quitterent le grand chemin de Miaco , & prenant fur la droite , ils fe réfugierent à Piongo , petite ville entre la Capitale & Quano , dont étoit Gouverneur une créature de Mioxindono , qui les reçut à bras ouverts.

Cependant tout étoit dans une horrible confufion dans le Pagode. On avoit trouvé Mirima évanoüie & baignée dans fon fang. Le Superieur faifoit fur le corps de fon neveu les plaintes les plus lamentables. Fiffima en pleurs auprès de fa maîtreffe , fe fervoit du prétexte de la fecourir , pour ne pas répondre à l'Empereur qui lui demandoit la caufe de ce tintamare. Enfin , tous courant çà & là s'entre - demandoient , fans pouvoir s'éclaircir , ce que fignifioit ce tumulte , & qui l'avoit excité.

On

On porta l'Impératrice à Miaco , où Cubofama la fuivit abî-
mé dans une profonde & noire
rêverie. Le bon Prince avoit
belle matiére à réflexion. Il en
fit de toutes les couleurs fur
l'irrévérence & l'emportement
de Mioxindono fans qu'aucune
pût le contenter. Celle qui fe
préfentoit le plus fouvent à fon
efprit , & qu'en mari , ami de
fon propre repos , il en écartoit
toujours , étoit que l'attentat de
Mioxindono fur l'Impératrice
& le Bonze ne pouvoit être que
l'effet d'une fureur jaloufe. Il
arriva à Miaco efcorté de fa
Garde délabrée , & de cette
maudite penfée qui le ferroit
encore de plus près que fes Gardes.

Cafardono dans le torrent de
fes regrets fur le fort de fon neveu , avoit confervé affez de
préfence

préfence d'efprit pour ne rien dire qui pût faire naître le plus leger foupçon de la caufe de fa mort.

Fiffima étoit le phœnix des confidentes difcrettes. On ne l'auroit jamais prife pour une femme à fon peu de babil.

Il n'y avoit que Mirima qui, ne gardant point de mefures en exhalant fa douleur, auroit pû fe trahir elle-même ; mais la prudente Fiffima y mettoit bon ordre, en ne laiffant approcher d'elle que tout ce qui lui étoit abfolument dévoüé. Ainfi le fecret de la tragédie ne paffoit pas les acteurs.

Que de fots difcours ! que de plats raifonnemens à perte de vuë ne fit-on pas à la Cour & à la Ville, fur un événement où les plus habiles Raifonneurs de l'Etat ne pouvoient rien comprendre !

prendre ? On voyoit dans tous les quartiers de Miaco des pelotons de fainéans, des nouvellistes désœuvrés donner leurs conjectures pour des réalités ; bâtir des Romans qui n'avoient pas le sens commun ; & soutenir avec chaleur, & souvent avec aigreur, des faussetés qu'ils venoient de fabriquer, & qu'ils se persuadoient à eux - mêmes, faute d'en pouvoir persuader les autres.

Mais ce fut bien autre chose quand un beau matin les habitans de Miaco virent à leurs portes, Mioxindono à la tête d'une petite armée d'environ dix à douze mille hommes, qui le soir se trouva forte de plus de trente, par la désertion des amis & des créatures du Général & de Déjandono, qui se hâterent de les venir joindre, crai-

gnant

gnant d'être enveloppés dans leur difgrace, fuivant la Coutume du pays. Cette armée compofée de prefque tous Officiers jetta les efprits dans une grande confternation : perfonne n'ofoit apprendre à Cubofama qu'il étoit affiégé dans fa Capitale.

Les principaux Officiers raffemblerent fa garde , & firent prendre les armes à tout ce qui fe trouva dans la ville en état de les porter , pendant qu'A- mendono , vieillard de près de quatre - vingt - dix ans , & fon principal Miniftre , prit géné- reufement le parti de pénétrer dans l'appartement du Prince , malgré la défenfe , fous peine de la vie, d'y entrer fans être man- dé exprès.

Cubofama ne pouvoit croire le rapport de fon Miniftre , il ne lui entroit pas dans la tête qu'un qu'un sujet, qu'un ami pût lui joüer un tour comme celui qu'autrefois il avoit joüé à Axiama & au Daïre. Cependant force lui fut de le croire, quand il vit de ses propros yeux le feu qui dévoroit déja une partie de la ville, où Mioxindono avoit pénétré avec l'assistance de ses amis.

L'Empereur, revenu d'un étourdissement dont toute tête auroit été, comme le fût la sienne, quoique des meilleures, un peu bouleversée, se fit armer, résolu de périr ou de faire rentrer les rebelles dans leur devoir. Suivi d'une cinquantaine de ses plus braves Officiers, Cubosama s'étoit ouvert, le sabre à la main, un chemin qui le conduisoit à une porte de la ville, quand son cheval rendu de fatigue & couvert de blessures

l'accal'accablât de son corps. Ses plus zélés serviteurs le couvrirent quelque tems des leurs ; mais enfin ayant succombé les uns après les autres, un soldat lui coupa la tête qu'il porta à Déjandono, qui se fit un vrai plaisir de la voir ailleurs que sur le corps qui l'avoit soutenu jusques-là.

Dans le tems que Déjandono rassasioit ses yeux d'un spectacle qui lui étoit si agréable, on vint lui donner avis, que Mirima, presque seule, venoit implorer la clémence, & exciter la pitié de Mioxindono. Comme sa vengeance n'étoit encore qu'à moitié satisfaite, & qu'il lui falloit encore Mirima pour victime, Déjandono se hâta d'aller au-devant de la Princesse, qu'il obligea de rentrer dans le Palais dont elle venoit de sortir.

En

En vain le conjura-t-ellle de la faire parler à son Général, le farouche Lieutenant ne tint compte des larmes & des prieres de la plus belle femme du monde. Il la fit rentrer dans son appartement, & là, il lui laiffa gracieufement le choix de fe voir couper la tête de fa main, ou de s'ouvrir elle-même le ventre, fuivant la mode du pays.

Mirima, qui n'attendoit pas tant de courtoifie du plus grand de fes ennemis, accepta la derniere condition qui, au Japon n'a rien de déshonorant, en le remerciant de la grace qu'il vouloit bien avoir la bonté de lui accorder.

Cette malheureufe victime de l'amour s'enferma dans fon oratoire; & à l'aide de Fiffima, qui ne l'abandonna pas dans le ter-

ble

rible moment, elle s'ouvrit le ventre de deux ou trois coups de poignard ; & fixant ses derniers regards sur le portrait de l'objet de son amour, elle expira en prononçant le nom de son cher Bonze.

Fissima qui n'attendoit pas un meilleur traitement de leurs communs ennemis, ne fit pas moins paroître de courage pour suivre l'exemple de sa maîtresse, qu'elle n'avoit montré d'ardeur à partager ses plaisirs.

Tout étant à peu près tranquile dans Miaco, & Mioxindono proclamé Empereur, il se ressouvint de Mirima que le tumulte des armes, la soif de regner, & l'embarras des affaires lui avoient fait un peu oublier, il en demanda des nouvelles au premier qui se trouva sous sa main. Comme le personnage à qui

qui il s'adreſſoit étoit ami de Déjandono, mais ami de cour, il lui raconta avec éxagération le traitement qu'elle avoit reçû de ſon Lieutenant.

A ce funeſte récit, le nouvel Empereur ne pût s'empêcher de donner des larmes à la mort d'une Princeſſe accomplie, qu'il adoroit encore malgré ſon infidélité ; la douleur dont il fut atteint n'empêcha pas qu'il ne fît venir devant lui Déjandono, qu'il fit hacher par morceaux, en lui reprochant ſa barbarie, afin qu'il ne prétendît cauſe d'ignorance du ſujet de ſon ſupplice.

De-là ſe rappellant par degrés toute cette malheureuſe hiſtoire, il ſe ſouvint de la promeſſe qu'il avoit autrefois faite à Amida de détruire ſon culte. Il commença ce bel ouvrage par

envoyer

envoyer mettre le feu au Pagode de Cafardono , avec ordre
de n'en laiſſer ſortir qui que ce
fût. Ainſi toute la pénaille fut
grillée , à l'exception du couſin
qui avoit jetté le froc aux or-
ties pour ſe faire courtiſan.

Non content d'avoir détruit
le Pagode d'Amida , Mioxindono voulut en abolir juſqu'à la
mémoire ; & pour y parvenir,
il prit la réſolution la plus folle,
conçut le deſſein le plus extra-
vagant qui puiſſe entrer dans la
tête d'un mortel : ce fut de ſe
faire paſſer lui-même , & de ſon
vivant, pour un Dieu.

Il ſe fit bâtir des temples où
il alloit en perſonne ſavourer
l'hommage de l'adoration. On
immoloit ſans rémiſſion devant
ſes autels , ceux qui lui refu-
ſoient leur encens. Cette ridicu-
le nouveauté , jointe aux exé-
cutions

cutions journalieres que faisoient
ses bourreaux de sacrificateurs,
souleverent contre lui tous les
ordres du peuple Japonois ; on
l'investit dans son Palais, où,
sans égard pour sa Divinité, on
le fit périr au milieu des flâmes.

FIN.

www.ingramcontent.com/pod-product-compliance
Lightning Source LLC
LaVergne TN
LVHW020839200726
843508LV00003B/1001